国際交流を応援する本
10か国語でニッポン紹介
①日本の自然

英語指導／パトリック・ハーラン（パックン）　編／こどもくらぶ

岩崎書店

はじめに

このシリーズは、世界でおもにつかわれている10か国語によって、わたしたちの身近にあり、世界にほこれる日本の文化を紹介しようとするものです。英語については、日本語が得意なアメリカ人タレントとして活躍中の、パックンに監修をお願いしました。以下は、パックンからこのシリーズを読むみなさんへのメッセージです。

◆ ぼくは、日本は「謙遜*大国」だと思います。ほかの家を訪問して、「つまらないものですが」といいながらお菓子をさしだしたり、なにかでほめられたとき、「いやいや、うちはそれほどでも」と謙遜したりする。ぼくは、これってすばらしい文化だと思うんです。でも、日本の未来をになう若い人たちは、謙遜しながらも、良いことは良いと、きちんと発信できるようになってほしいですね。日本には古い歴史や、最新のテクノロジーなど、世界のあこがれのまととなっているような文化がたくさんあるのですから、世界にむけて「日本の良いところを見てください」、そして、「そちらの国のことも教えてください」という謙遜の姿勢で発信すれば、おたがいに歩みよることができます。それが、ほんとうのコミュニケーションだと思うんです。さらに、外国の人とコミュニケーションをとろうとするとき、相手の国の言葉をひとつでも知っていれば、おたがいの理解がふかまり、距離がぐんとちぢまります。

◆ 外国語を「しゃべれない」日本人は、じつは、「しゃべれない」のではなく、「しゃべらない」のだといわれることがあります。日本人はけっこう外国語を知っているんですよ。英語（テーブル、ボール……）、フランス語（クレヨン、オムレツ……）、ドイツ語（アルバイト、アレルギー……）など、身のまわりに外国語があふれているわけですから、学習をはじめればあっというまに身につくはず。あとは、それをどんどんつかうことです。ぼくも、どんどんつかおうとした結果、日本のお笑いの世界でデビューできました。

◆ 2020年の東京オリンピックなど、近い将来、日本をおとずれる世界じゅうの人とふれあうチャンスがたくさんあるはずです。そんなとき、少しだけ勇気をもって、はずかしさなんか気にせずに、どんどんコミュニケーションをとってください。（パックン）

さあ、さまざまな機会を見つけて、積極的に外国の人たちとふれあいましょう。きっとこの本が、そのお手伝いをしてくれますよ。

こどもくらぶ

*ひかえめで、へりくだること。

世界の言葉であいさつしよう

「こんにちは」と「さようなら」、「ありがとう」をおぼえよう。

外国の人にあったら、まずあいさつをしようね。

	こんにちは。	さようなら。	ありがとう。
英語 (えいご)	Hello (ヘロウ)	Good-bye (グドバイ)	Thank you (サンキュー)
フランス語	Bonjour (ボンジュー)	Au revoir (オルヴワー)	Merci (メウスィ)
スペイン語	Hola (オラ)	Adiós (アディオス)	Gracias (グラスィアス)
イタリア語	Ciao (チャオ)	Arrivederci (アッリーヴェデルチ)	Grazie (グラツィエ)
ドイツ語	Hallo (ハ(ー)ロー)	Auf Wiedersehen (アウフ ヴィーダーゼエン)	Danke (ダンケ)
ポルトガル語	Olá (オラ)	Tchau (チャオ)	Obrigado/Obrigada (オブリガード／オブリガーダ) (男性／女性)
中国語 (ちゅうごくご)	你好 (ニーハオ)	再见 (ザイジィェン)	谢谢 (シェシェ)
韓国語 (かんこくご)	안녕하세요 (アンニョンハセヨ)	잘 가요 (チャル カヨ)	감사합니다 (カ(ム)サハ(ム)ニダ)
ロシア語	Здравствуйте (ズドラーストヴィチェ)	До свидания (ダスヴィダーニャ)	Спасибо (スパシーバ)
アラビア語	مرحبا (ンバハルマ)	مع السلامة (ムーラサッマ)	شكرا (ンラクュシ)

＊アラビア語は、書くのも読むのも、右から左。

もくじ

はじめに ……………………………………… 2
世界の言葉であいさつしよう ……………… 3
この本のつかい方 …………………………… 5

日本の地理 …………………………………… 6
四季 …………………………………………… 8
もっと知りたい！ 世界有数の豪雪地帯 …… 9
国境と海 ……………………………………… 10
山 ……………………………………………… 12
森林 …………………………………………… 14
里山と里海 …………………………………… 16
川 ……………………………………………… 18
湖と滝 ………………………………………… 20
大小の島じま ………………………………… 22
草花 …………………………………………… 24
農作物 ………………………………………… 26
もっと知りたい！ 都道府県 ……………… 28
世界自然遺産 ………………………………… 30
世界文化遺産① ……………………………… 32
世界文化遺産② ……………………………… 34
生きもの① …………………………………… 36
生きもの② …………………………………… 38
地震と津波 …………………………………… 40
火山と温泉 …………………………………… 42
台風 …………………………………………… 44

さくいん ……………………………………… 46

この巻は、日本の自然や生きものについて、紹介するよ。

この本のつかい方

いくつかの
きまりごとを
おぼえてね。

このシリーズでは、基本的な外国語である英語をふくめて、世界でよくつかわれる10の言語（英語、フランス語、スペイン語、イタリア語、ドイツ語、ポルトガル語、中国語、韓国語、ロシア語、アラビア語）で、日本から世界に発信しようとするさまざまな事柄を、全5巻にわけて紹介します。

- 見開きのテーマを、日本語と英語でしめしました。
- テーマの基本となる文に丸数字（❶）をつけ、日本語（青字）と英語を太字でしめしました。
- カタカナで発音表記をしめし、強く発音する部分（アクセント）を別の色でしめしました。
- ほかの国ではどういうの？ 基本となる文❶と、重要な単語❷を、英語以外の9か国語でなんというかをしめしています。なお、アラビア語は書くのも読むのも右から左です。
- 基本となる文のほかに、外国人とのコミュニケーションをうながす文をいくつかしめしました。
- テーマに関連する重要な単語*を、青字の太字でしめして丸数字（❷）をつけ、対応する英語の単語に青い下線を引いています。
- 国旗は、それぞれの言語が母国語としてつかわれている国のものです。アラビア語は、代表としてシリアの国旗をしめしています。

*重要な単語の正確な英語は、「さくいん」にしめしてあります。

- 「もっと知りたい！ I Want to Know More!」のページでは、テーマを深くほりさげる、特別な話題をしめしました。

発音について

文や単語につけられたカタカナは、正確な発音ではありませんが、外国人と話すときに手助けとなるものです。
英語の「グッ（ド）モーニン（グ）」の（ド）や（グ）などは、実際にはほとんど、またはまったく聞こえない音をあらわすという約束です。まったく無視するのではなく、その口のかまえをして、つぎの音にうつってください。「グッ（ド）モーニン（グ）」は、実際には「グッモーニン」のように聞こえるはずです。

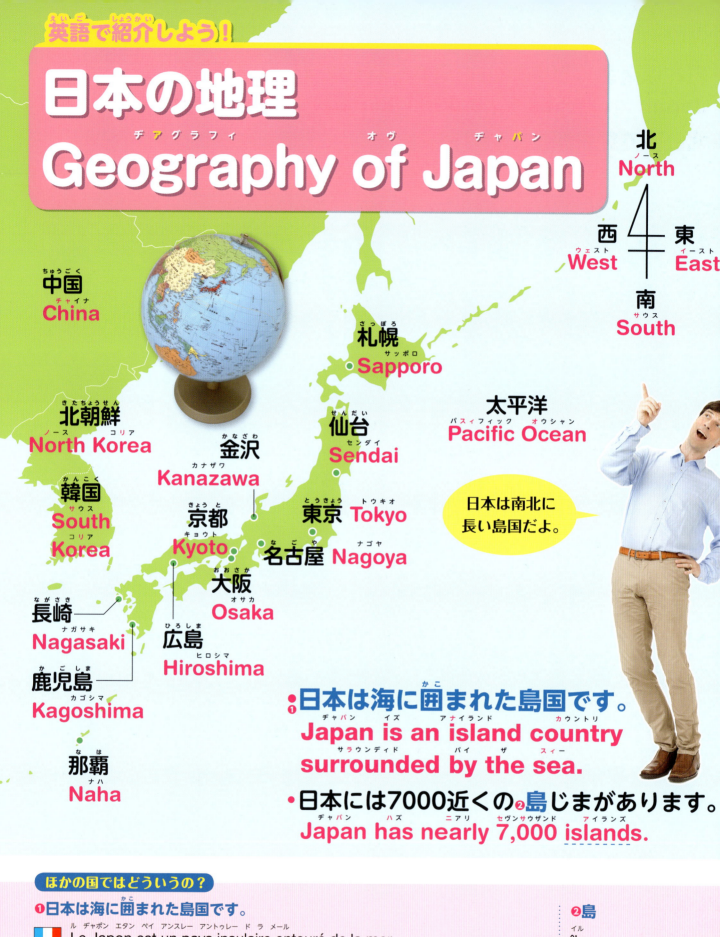

- 日本は南北に3000kmの長さがあります。
Japan stretches for 3,000 kilometers from north to south.
- 北と南で気候がちがいます。
The climate is very different between north and south.

北海道では、
4月でも雪がたくさんのこっています。
In Hokkaido, a lot of snow still remains in April.

沖縄では、
4月に海水浴ができます。
In Okinawa, we can swim in the ocean in April.

同じ月でもこんなにちがうのね。

❶日本は海に囲まれた島国です。

中国語: 日本是一个四面环海的岛国。

韓国語: 일본은 바다로 둘러싸인 섬나라입니다.

ロシア語: Япония является островным государством окружен морями.

アラビア語（シリア）: اليابان هي دولة جزيرة يحيط بها البحر.
←（右から左へ読む）

❷島

中国語: 岛
韓国語: 섬
ロシア語: остров
アラビア語: جزيرة

英語で紹介しよう！

四季 Four Seasons

季節がはっきりとわかれているね。

❶日本には4つのはっきりとした季節があります。
There are four distinct seasons in Japan.

❷春 Spring

春にはたくさんの花が咲きます。
Many flowers bloom in spring.

❷夏 Summer

夏には海水浴をする人もいます。
People enjoy bathing in the sea in summer.

❷秋 Autumn

秋は収穫の季節です。
Autumn is harvest season.

❷冬 Winter

冬には雪が降る地域があります。
It snows in some areas in winter.

ほかの国ではどういうの？

❶日本には4つのはっきりとした季節があります。

- フランス語: Au Japon, il y a quatre saisons bien distinctes.
- スペイン語: En Japón, hay cuatro distintas estaciones.
- イタリア語: In Giappone ci sono quattro stagioni ben distinte.
- ドイツ語: Japan hat vier unterschiedliche Jahreszeiten.
- ポルトガル語: No Japão há quatro estações distintas.

❷春・夏・秋・冬

- printemps, été, automne, hiver
- primavera, verano, otoño, invierno
- primavera, estate, autunno, inverno
- der Frühling, Sommer, Herbst, Winter
- primavera, verão, outono, inverno

もっと知りたい！ I Want to Know More!

世界有数の豪雪地帯
An area with some of the world's heaviest snowfall

▲黒部アルペンルートを走るバス
a bus driving through Kurobe Alpine Route

◀雪下ろし removing snow from a rooftop

- 冬、多くの地域で雪が降り積もります。
  In winter, snow piles up in many areas.
- 日本人はたくさんの雪とともにくらしています。
  Japanese people live with a lot of snow.

降雪量の多い世界の都市トップ10
The world's 10 snowiest cities

順位	都市	
1位	青森市（日本）	Aomori City (Japan)
2位	札幌市（日本）	Sapporo City (Japan)
3位	富山市（日本）	Toyama City (Japan)
4位	セントジョンズ（カナダ）	St. John's (Canada)
5位	ケベック（カナダ）	Quebec (Canada)
6位	シラキュース（アメリカ）	Syracuse (USA)
7位	サグネー（カナダ）	Saguenay (Canada)
8位	秋田市（日本）	Akita City (Japan)
9位	ロチェスター（アメリカ）	Rochester (USA)
10位	バッファロー（アメリカ）	Buffalo (USA)

出典：Accu Weather

---

❶日本には4つのはっきりとした季節があります。

 中国語
日本四季分明。

 韓国語
일본에는 4개의 뚜렷한 계절이 있습니다.

 ロシア語
В Японии существуют ясные четыре времени года.

 アラビア語（シリア）
وفي اليابان، فصول السنة الأربعة متميزة.
←（右から左へ読む）

❷春・夏・秋・冬

春，夏，秋，冬

봄, 여름, 가을, 겨울

весна, лето, осень, зима

الربيع، الصيف، الخريف، الشتاء

国境と海
The Borders and the Ocean

- 日本の国境は、すべて海の上にあります。
  All the borders of Japan are drawn on the ocean.

- 日本の面積は、世界で62番目です。
  The land area of Japan is the 62nd largest in the world.

日本の北端（択捉島） northernmost point

日本の西端（与那国島） westernmost point

日本の東端（南鳥島） easternmost point

日本の南端（沖ノ鳥島） southernmost point

日本はとても広いんだね。

ほかの国ではどういうの？

❶日本の国境は、すべて海の上にあります。

- フランス語: Toutes les frontières du Japon existent sur la mer.
- スペイン語: La frontera de Japón están situados encima del mar.
- イタリア語: Tutti i confini del Giappone sono situati sul mare.
- ドイツ語: Die Grenze zwischen Japan und anderen Ländern ist das Meer.
- ポルトガル語: Todas as fronteiras do Japão estão localizadas acima do mar.

❷面積

- dimension
- área
- superficie
- der Flächeninhalt
- súperficie

海*の面積をふくめた日本の面積は、世界で6番目です。
Japan's combined land and sea is the 6th largest in the world.

*排他的経済水域と領海。

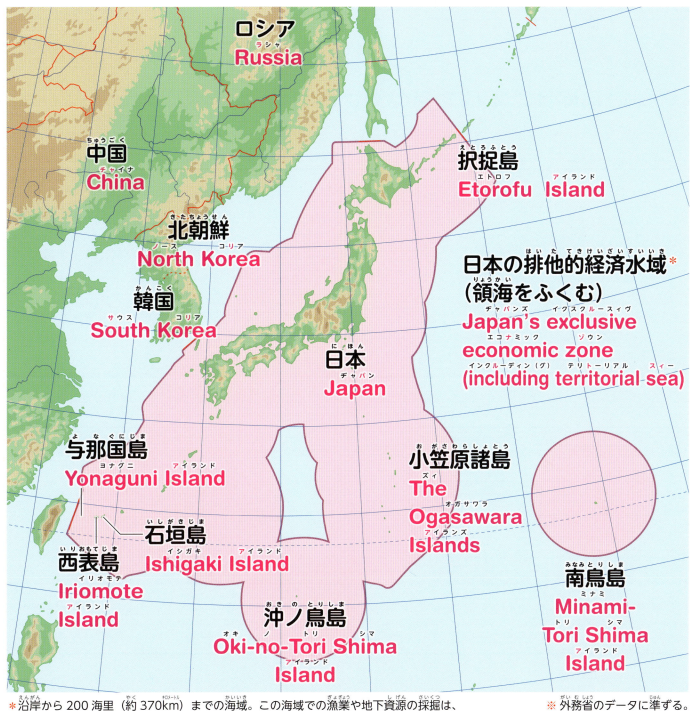

*沿岸から200海里（約370km）までの海域。この海域での漁業や地下資源の採掘は、沿岸国だけにみとめられている。

※外務省のデータに準ずる。

❶日本の国境は、すべて海の上にあります。

中国語: 日本的国境线都在海上。

韓国語: 일본의 국경은 모두 바다 위에 있습니다.

ロシア語: Граница Японии все расположена на берегу моря.

アラビア語（シリア）: وتقع حدود اليابان كلها على البحر.
←（右から左へ読む）

❷面積

面积

면적

площадь

مساحة
←

英語で紹介しよう！

山
Mountains

- 一番高い山は、富士山です。
  The highest mountain is Mt. Fuji.

- 富士山の高さは3776mです。
  Mt. Fuji is 3,776 meters high.

- 毎年数十万人が富士山に登ります。
  Hundreds of thousands of people climb Mt. Fuji every year.

- 「富士」とよばれる山は、ほかにもあります。
  There are other mountains also called "Fuji."

わたしもいつか登ってみたいな！

蝦夷富士（羊蹄山、北海道）
Ezo Fuji (Mt. Yotei, Hokkaido)

津軽富士（岩木山、青森）
Tsugaru Fuji (Mt. Iwaki, Aomori)

薩摩富士（開聞岳、鹿児島）
Satsuma Fuji (Mt. Kaimon, Kagoshima)

越後富士（妙高山、新潟）
Echigo Fuji (Mt. Myoko, Niigata)

讃岐富士（飯野山、香川）
Sanuki Fuji (Mt. Iino, Kagawa)

ほかの国ではどういうの？

❶ 一番高い山は、富士山です。

- 🇫🇷 フランス語 La plus haute montagne est le mont Fuji.
- 🇪🇸 スペイン語 La montaña más alta es el Monte Fuji.
- 🇮🇹 イタリア語 Il monte più alto è il Monte Fuji.
- 🇩🇪 ドイツ語 Der höchste Berg in Japan ist der Berg Fuji.
- 🇵🇹 ポルトガル語 A montanha mais alta é o Monte Fuji.

❷ 登る
- monter
- subida
- salire
- steigen / besteigen
- subir

- 日本には、山がたくさんあります。
  Japan has many mountains.
- 日本のおよそ4分の3は山です。
  About three-quarters of Japan is mountainous.

有名な山と山地
famous mountains

❶利尻山（北海道）
Mt. Rishiri (Hokkaido)

❷大雪山（北海道）
Mt. Taisetsu (Hokkaido)

❸恐山（青森）
Mt. Osore (Aomori)

❹蔵王山（宮城／山形）
Mt. Zao (Miyagi/Yamagata)

❺磐梯山（福島）
Mt. Bandai (Fukushima)

❻筑波山（茨城）
Mt. Tsukuba (Ibaraki)

❼浅間山（長野／群馬）
Mt. Asama (Nagano/Gunma)

❽八ヶ岳（長野／山梨）
Yatsugatake Mountains (Nagano/Yamanashi)

❾白山（石川／岐阜）
Mt. Hakusan (Ishikawa/Gifu)

❿大山（鳥取）
Mt. Daisen (Tottori)

⓬阿蘇山（熊本）
Mt. Aso (Kumamoto)

⓫日本アルプス（中部地方）
the Japan Alps (Chubu Region)

富士山（静岡／山梨）
Mt. Fuji (Shizuoka/Yamanashi)

❶一番高い山は、富士山です。

🇨🇳 中国語: 最高的山是富士山。

🇰🇷 韓国語: 가장 높은 산은 후지산입니다.

🇷🇺 ロシア語: Самая высокая гора является горой Фудзи.

🇸🇾 アラビア語（シリア）: أعلى جبل هو جبل فوجي．
←（右から左へ読む）

❷登る

爬

등반

взобраться

تسلق

英語で紹介しよう！

森林
Forests

- 日本の3分の2は森林におおわれています。
  Two-thirds of Japan is covered with forests.

- 森林にはさまざまな樹木があります。
  There are many varieties of trees in the forests.

日本にはじつにさまざまな森があるね。

スギの森
Japanese cedar forest

ブナの森
Japanese beech forest

ヒノキとタケの森
Japanese cypress and bamboo forest

ほかの国ではどういうの？

❶ 日本の3分の2は森林におおわれています。

- フランス語: Les deux tiers du Japon sont couverts de bois.
- スペイン語: Dos terceras partes de Japón están cubiertas de bosques.
- イタリア語: Due terzi del Giappone sono coperti da foreste.
- ドイツ語: Zwei Drittel von Japan ist mit Wälder bedeckt.
- ポルトガル語: Dois terços do Japão são cobertos por floresta.

❷ 樹木

- arbres
- árboles
- alberi
- der Baum
- árvores

- 森林の樹木は、住宅や家具につかわれます。
Timber from the forests is used to make houses and furniture.

- 木は紙の原料にもなります。
Trees are also turned into paper.

- 森林には、たくさんの生きものがすんでいます。
Many creatures live in the forests.

木造の家 wooden house

リス squirrel

フクロウ owl

ニホンカモシカ Japanese serow

❶ 日本の3分の2は森林におおわれています。

🇨🇳 中国語 日本的三分之二覆盖着森林。

🇰🇷 韓国語 일본의 3 분의 2 는 숲으로 덮여 있습니다.

🇷🇺 ロシア語 Две трети Японии покрыта лесами.

🇸🇾 アラビア語（シリア） تغطي الغابات ثلثي اليابان. ←（右から左へ読む）

❷ 樹木

树木

나무

деревья

أشجار ←

英語で紹介しよう！
里山と里海
Satoyama and Satoumi

- 里山とは、集落と隣接する山や森林のことです。
  "Satoyama" means mountains and forests near villages.

- 里山では、田んぼや畑がつくられています。
  People cultivate rice fields and farms in satoyamas.

- 里山には多くの種類の生きものが見られます。
  Many different kinds of creatures can be seen in satoyamas.

日本各地の里山
Satoyamas around Japan

能登半島の白米千枚田（石川）
Shiroyone senmaida (terraced rice fields) in the Noto Peninsula (Ishikawa)

里山の民家
a private house in a satoyama

豊岡市のコウノトリ（兵庫）
a stork in Toyooka (Hyogo)

ほかの国ではどういうの？

❶里山とは、集落と隣接する山や森林のことです。

- 🇫🇷 フランス語: Le satoyama est des montagnes et des forêts à proximité des villages.
- 🇪🇸 スペイン語: Satoyama es montañas y bosques cerca de aldeas.
- 🇮🇹 イタリア語: Satoyama è l'insieme di montagne e foreste vicino ai villaggi.
- 🇩🇪 ドイツ語: Die in der Nähe von Dörfern stehenden Berge und Wälder heißen Satoyama.
- 🇵🇹 ポルトガル語: Satoyama significa montanhas ou florestas que ficam perto de aldeias.

❷田んぼ

- rizière
- campo de arroz
- risaia
- das Reisfeld
- arrozal

- 里海とは、人のくらしと結びついている沿岸海域のことです。
 "Satoumi" means coastal areas connected to people's lives.
- 里海では、漁業がおこなわれます。
 In satoumis, fishing takes place.

日本各地の里海
Satoumis around Japan.

干潟
tidal flats

沿岸漁業のようす
coastal fishing

五ヶ所湾のアオノリ養殖(三重)
green laver (seaweed) farming in Gokasho Bay (Mie)

志摩半島の真珠養殖(三重)
pearl farming in the Shima Peninsula (Mie)

自然と人間がうまく調和しているんだね。

© 伊勢志摩観光コンベンション機構

❶里山とは、集落と隣接する山や森林のことです。

中国語: 里山是指村落周边的山河森林。

韓国語: 사토야마는 마을과 인접한 산과 숲을 말합니다.

ロシア語: Сатояма - горы и леса рядом с деревнями.

アラビア語(シリア): ساتوياما هي الجبال و الغابات بالقرب من القرى.
←（右から左へ読む）

❷田んぼ

稲田

논

рисовое поле

حقول الأرز

英語で紹介しよう！

川
Rivers

日本の川は短くて、流れが急だね。

- 一番長い川は、信濃川です。
  The longest river is the Shinano River.
- 二番目に長い川は、利根川です。
  The second longest river is the Tone River.

最上川 the Mogami River

北上川 the Kitakami River

信濃川 the Shinano River

筑後川 the Chikugo River

利根川 the Tone River

淀川 the Yodo River

四万十川 the Shimanto River

ほかの国ではどういうの？

① 一番長い川は、信濃川です。

- フランス語: Le plus long fleuve est le fleuve Shinano.
- スペイン語: El río más largo es el Río Shinano.
- イタリア語: Il fiume più lungo è il Fiume Shinano.
- ドイツ語: Der längste Fluss in Japan heißt Sinano.
- ポルトガル語: O rio mais extenso é o Rio Shinano.

② 釣り

- pêche
- pesca
- pesca
- das Angeln
- pesca

- 人びとは、川で❷釣りをしたり、川あそびをしたりします。
People enjoy fishing and playing in rivers.

釣り
fishing

水切り
stone skipping

沢登りとラフティング
creek climbing and rafting

世界と日本の川の長さ
Comparison of river length

世界一長い川：ナイル川（6,650km）
the longest river in the world: the Nile (6 , 6 5 0 km)

日本一長い川：信濃川（367km）
the longest river in Japan: the Shinano River (3 6 7 km)

危険そうなスポーツもあるのね。

❶一番長い川は、信濃川です。

🇨🇳 中国語　最长的河流是信浓川。

🇰🇷 韓国語　가장 긴 강은 시나노강 입니다.

🇷🇺 ロシア語　Самая длинная река является рекой Синано.

🇸🇾 アラビア語（シリア）　أطول نهر هو نهر شينانو.
←（右から左へ読む）

❷釣り

钓鱼

낚시

рыбалка

صيد السمك

英語で紹介しよう！
湖と滝
Lakes and Waterfalls

- 一番大きな湖は、琵琶湖です。
  The largest lake is Lake Biwa.

- 琵琶湖の大きさは670km²あります。
  The area of Lake Biwa is 670 km².

- 名前のもとは「琵琶」という楽器だといわれます。
  The name of Biwa is said to be derived from an instrument called "Biwa."

浜名湖（静岡）
Lake Hamana (Shizuoka)

猪苗代湖（福島）
Lake Inawashiro (Fukushima)

宍道湖（島根）
Lake Shinji (Shimane)

湖と沼をあわせると、約480もあるんだって。

ほかの国ではどういうの？

❶ 一番大きな湖は、琵琶湖です。

- 🇫🇷 フランス語： Le plus grand lac est le lac Biwa.
- 🇪🇸 スペイン語： El lago más grande es el Lago Biwa.
- 🇮🇹 イタリア語： Il lago più grande è il Lago Biwa.
- 🇩🇪 ドイツ語： Der größte See heißt Biwa.
- 🇵🇹 ポルトガル語： O maior lago é o Lago Biwa.

❷ 滝
- chute d'eau
- cascada
- cascata
- der Wasserfall
- cachoeira

20

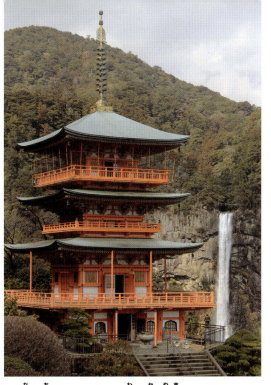

華厳の滝（栃木）
Kegon Falls (Tochigi)

那智の滝（和歌山）
Nachi Falls (Wakayama)

袋田の滝（茨城）
Fukuroda Falls (Ibaraki)

- 日本には、3つの有名な滝があります。
  There are the three famous waterfalls in Japan.

- 滝に打たれて修行をする人もいます。
  Some people perform cold-water ablutions under a waterfall.

❶ 一番大きな湖は、琵琶湖です。

中国語　最大的湖泊是琵琶湖。

韓国語　가장 큰 호수는 비와코입니다.

ロシア語　Озеро Бива больше всего в Японии.

アラビア語（シリア）　أكبر بحيرة هي بحيرة بيوا.
（右から左へ読む）

❷ 滝

瀑布

폭포

водопад

شلال

英語で紹介しよう！
大小の島じま
Large and Small Islands

- 日本には、本土5島と7000近くの小島があります。
  Japan has five main islands and about 7,000 smaller ones.

- これらの島じまでは、固有の自然を見ることができます。
  In these islands, we can see distinctive nature.

- 瀬戸内海は本州と四国にはさまれた海です。
  The Seto Inland Sea lies between Honshu and Shikoku.

- 瀬戸内海にはおよそ3000の島じまがあります。
  There are about 3,000 islands in the Seto Inland Sea.

日本には美しい島がたくさんあるね。

瀬戸内海にうかぶ島じま
islands in the Seto Inland Sea

写真提供：広島県

ほかの国ではどういうの？

❶ 日本には、本土5島と7000近くの小島があります。

- 🇫🇷 フランス語: Le Japon consisite en 5 îles principales et à peu près 7000 îlots.
- 🇪🇸 スペイン語: Japón tiene cinco grandes islas y casi 7.000 de islas pequeñas.
- 🇮🇹 イタリア語: Il Giappone ha cinque grandi isole e 7.000 isole minori.
- 🇩🇪 ドイツ語: Japan besteht aus 5 Hauptinseln und ungefähr 7000 kleinen Inseln.
- 🇵🇹 ポルトガル語: O Japão tem cinco ilhas grandes e cerca de 7 mil ilhas pequenas.

❷ 自然
- nature
- naturaleza
- natura
- die Natur
- natureza

五島列島（長崎）
the Goto Islands (Nagasaki)

五島列島は九州の西にあります。
The Goto Islands are located to the west of Kyushu.

西表島（沖縄）
Iriomote Island (Okinawa)

西表島は沖縄の西にあり、台湾に近く位置しています。
Iriomote Island is located to the west of Okinawa and close to Taiwan.

伊豆諸島（東京）
the Izu Islands (Tokyo)

伊豆大島は伊豆諸島の中で最大です。
Izu Oshima Island is the largest of the Izu Islands.

佐渡島（新潟）
Sado Island (Niigata)

佐渡島は日本海にあります。
Sado Island is in the Sea of Japan.

---

❶ 日本には、本土5島と7000近くの小島があります。

中国語: 日本，由本土5岛和近7000个小岛组成。

韓国語: 일본에는 5개의 큰 섬과 7,000여개의 섬이 있습니다.

ロシア語: В Японии существует пять основные территории и около 7000 маленкые острова.

アラビア語（シリア）: في اليابان، هناك خمس جزر كبيرة، و أكثر من 7000 جزيرة صغيرة. ←（右から左へ読む）

❷ 自然

- 自然
- 자연
- природа
- طبيعة

英語で紹介しよう！

草花
Flowers

いろいろな花が、一年じゅう楽しめるわね。

❶ 一年を通してさまざまな花が咲きます。
Various flowers bloom throughout the year.

❷ サクラ（春）
cherry blossoms (in spring)

日本人はサクラが大すきです。
Japanese people love cherry blossoms.

ヒマワリ（夏）
sunflowers (in summer)

ヒマワリの種からは油がとれます。
Oil can be made from sunflower seeds.

キク（秋）
chrysanthemums (in autumn)

キクは観賞用や食用につかわれます。
Chrysanthemums are beautiful to see and also good to eat.

ツバキ（冬）
camellias (in winter)

ツバキは庭に植えて親しまれています。
Many people plant camellias in their gardens.

ほかの国ではどういうの？

❶ 一年を通してさまざまな花が咲きます。

🇫🇷 フランス語　Beaucoup de fleurs variées s'épanouissent tout du long de l'année.

🇪🇸 スペイン語　Varias flores florecen durante un año.

🇮🇹 イタリア語　Durante tutto l'anno fioriscono diversi fiori.

🇩🇪 ドイツ語　Man kann in Japan viele verschiedene Sorten von Blumen genießen.

🇵🇹 ポルトガル語　Várias tipos de flores se florecem ao longo de todo o ano.

❷ サクラ

cerisier

cerezo

ciliegio

der Kirschbaum

cerejeira

- 春には、サクラを見る「お花見」をします。
  Japanese enjoy "ohanami" (cherry blossom viewing) in spring.

- 1912年、日本はアメリカのワシントンD.C.にサクラを寄贈しました。
  In 1912, Japan donated cherry trees to Washington, D.C., U.S.A.

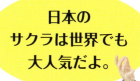

日本のサクラは世界でも大人気だよ。

- 初夏には、尾瀬のミズバショウも見られます。
  We can see skunk cabbages in Oze in early summer.

❶ 一年を通してさまざまな花が咲きます。

🇨🇳 中国語　这里全年盛开各色花卉。

🇰🇷 韓国語　일년 내내 다양한 꽃이 핍니다.

🇷🇺 ロシア語　Различные цветы цветут в течение всего года.

🇸🇾 アラビア語（シリア）　على مدار السنة، تتفتح العديد من الزهور.
（右から左へ読む）

❷ サクラ

櫻花

벚꽃

вишня

الكرز

農作物 Crops

- いなかでは、水田がよく見られます。
  You can see lots of paddy fields in the countryside.

- 畑では、さまざまな野菜が育てられています。
  There are many fields where various vegetables are grown.

日本の各地で米をつくっているよ。

タマネギ **onion**

トマト **tomato**

大根 **Japanese radish**

白菜 **Chinese cabbage**

ジャガイモ **potato**

ほかの国ではどういうの？

① いなかでは、水田がよく見られます。

- 🇫🇷 フランス語: Vous pouvez voir un grand nombre de rizières à la campagne.
- 🇪🇸 スペイン語: Puede ver muchos campos de arroz en las zonas rurales.
- 🇮🇹 イタリア語: In campagna si possono vedere molte risaie.
- 🇩🇪 ドイツ語: Auf dem Land in Japan kann man viele Reisfelder sehen.
- 🇵🇹 ポルトガル語: Você pode observar campos de arroz nas zonas rurais.

② 野菜

- légumes
- verduras
- verdure
- das Gemüse
- legumes

- 果物の栽培もよくおこなわれています。
  Many types of fruit are also grown.
- 日本の食料自給率*は4割ほどです。
  Japan grows about 40% of the food it eats.
  The rest is imported.

*国内の食料消費のうち、国産品でどれくらいまかなえているかをしめす値。

ブドウ grape

モモ peach

リンゴ apple

イチゴ strawberry

日本の果物はおいしいと、世界でも評判なんだ。

---

❶ いなかでは、水田がよく見られます。

🇨🇳 中国語　在农村能看到很多稻田。

🇰🇷 韓国語　농촌에서 많은 논을 볼 수 있습니다.

🇷🇺 ロシア語　Вы можете увидеть много рисовых полей в сельской местности.

🇸🇾 アラビア語（シリア）　في الريف، كثيرا ما ترى حقول الأرز.
←（右から左へ読む）

❷ 野菜

蔬菜

야채

овощи

خضروات

もっと知りたい！ I Want to Know More!

都道府県 Prefectures

🟢 北海道 Hokkaido	🟠 中部 Chubu	🟣 四国 Shikoku
🔴 東北 Tohoku	🟢 近畿 Kinki	🔵 九州・沖縄 Kyushu・Okinawa
🔵 関東 Kanto	🔴 中国 Chugoku	

- 日本には、47の都道府県があります。
  Japan has 47 prefectures called "to-do-fu-ken."

- 都道府県は、山脈や川を境にわかれていることもあります。
  Borders between prefectures often lie along rivers and mountain ranges.

- それぞれの都道府県は、より広い❷地方に分類されます。
  Prefectures are grouped into broader regions.

日本は1都1道2府43県といわれるね。

❶ 北海道 Hokkaido
❷ 青森県 Aomori Prefecture
❸ 岩手県 Iwate Prefecture
❹ 宮城県 Miyagi Prefecture
❺ 秋田県 Akita Prefecture
❻ 山形県 Yamagata Prefecture
❼ 福島県 Fukushima Prefecture
❽ 茨城県 Ibaraki Prefecture
❾ 栃木県 Tochigi Prefecture
❿ 群馬県 Gunma Prefecture
⓫ 埼玉県 Saitama Prefecture
⓬ 千葉県 Chiba Prefecture
⓭ 東京都 Tokyo Metropolis
⓮ 神奈川県 Kanagawa Prefecture
⓯ 新潟県 Niigata Prefecture
⓰ 富山県 Toyama Prefecture
⓱ 石川県 Ishikawa Prefecture
⓲ 福井県 Fukui Prefecture
⓳ 山梨県 Yamanashi Prefecture
⓴ 長野県 Nagano Prefecture

ほかの国ではどういうの？

❶ 日本には、47の都道府県があります。

🇫🇷 フランス語： Le Japon a 47 préfectures.
🇪🇸 スペイン語： Japón tiene 47 prefecturas.
🇮🇹 イタリア語： Il Giappone ha 47 prefetture.
🇩🇪 ドイツ語： Japan hat 47 Präfekturen.
🇵🇹 ポルトガル語： O Japão tem 47 províncias.

❷ 地方

région
región
regione
die Region
região

㉑ 岐阜県（ぎふけん／ギフ）
Gifu Prefecture

㉒ 静岡県（しずおかけん／シズオカ）
Shizuoka Prefecture

㉓ 愛知県（あいちけん／アイチ）
Aichi Prefecture

㉔ 三重県（みえけん／ミエ）
Mie Prefecture

㉕ 滋賀県（しがけん／シガ）
Shiga Prefecture

㉖ 京都府（きょうとふ／キョウト）
Kyoto Prefecture

㉗ 大阪府（おおさかふ／オオサカ）
Osaka Prefecture

㉘ 兵庫県（ひょうごけん／ヒョウゴ）
Hyogo Prefecture

㉙ 奈良県（ならけん／ナラ）
Nara Prefecture

㉚ 和歌山県（わかやまけん／ワカヤマ）
Wakayama Prefecture

㉛ 鳥取県（とっとりけん／トットリ）
Tottori Prefecture

㉜ 島根県（しまねけん／シマネ）
Shimane Prefecture

㉝ 岡山県（おかやまけん／オカヤマ）
Okayama Prefecture

㉞ 広島県（ひろしまけん／ヒロシマ）
Hiroshima Prefecture

㉟ 山口県（やまぐちけん／ヤマグチ）
Yamaguchi Prefecture

㊱ 徳島県（とくしまけん／トクシマ）
Tokushima Prefecture

㊲ 香川県（かがわけん／カガワ）
Kagawa Prefecture

㊳ 愛媛県（えひめけん／エヒメ）
Ehime Prefecture

㊴ 高知県（こうちけん／コーチ）
Kochi Prefecture

㊵ 福岡県（ふくおかけん／フクオカ）
Fukuoka Prefecture

㊶ 佐賀県（さがけん／サガ）
Saga Prefecture

㊷ 長崎県（ながさきけん／ナガサキ）
Nagasaki Prefecture

㊸ 熊本県（くまもとけん／クマモト）
Kumamoto Prefecture

㊹ 大分県（おおいたけん／オーイタ）
Oita Prefecture

㊺ 宮崎県（みやざきけん／ミヤザキ）
Miyazaki Prefecture

㊻ 鹿児島県（かごしまけん／カゴシマ）
Kagoshima Prefecture

㊼ 沖縄県（おきなわけん／オキナワ）
Okinawa Prefecture

北海道の面積は九州の2倍あるんだ。

じゃあ、いちばん面積が小さい県はどこかしら？＊

＊香川県。

❶ 日本には、47の都道府県があります。

🇨🇳 中国語
リーベン ヨウ スーシーチーガ ドゥーダオフーシェン
日本有47个都道府县。

🇰🇷 韓国語
イルボネヌン サシプチル トド プヒョニ イッス(ム)ニダ
일본에는 47 도도 부 현이 있습니다.

🇷🇺 ロシア語
イーポニェ イミィエ(ト) ソーラクセーミ プレフェクトゥールィ
Япония имеет 47 префектуры.

🇸🇾 アラビア語（シリア）
ーザァフハム ンウーバルアワントーバサ ーハイダラ ンーバヤルア
اليابان لديها 47 محافظة.
← (右から左へ読む)

❷ 地方

ディーファン
地方

チバン
지방

オーブラスチ
область

カタンミ
منطقة

英語で紹介しよう！
世界自然遺産
World Natural Heritage Sites

- 日本には世界自然遺産が4つあります。
Japan has four World Natural Heritage Sites.

- 白神山地はブナの原生林で有名です。
Shirakami-Sanchi is famous for its primeval forest of Japanese beech trees.

- 屋久島の縄文杉は、樹齢7000年以上といわれます。
The "Jomon Cedar" in Yakushima is believed to be more than 7,000 years old.

> これ以外にも美しい自然がたくさんあるね。

ほかの国ではどういうの？

❶日本には世界自然遺産が4つあります。

- 🇫🇷 フランス語: Le Japon a quatre patrimoines naturels mondiaux.
- 🇪🇸 スペイン語: Japón tiene cuatro Patrimonios Naturales Mundiales.
- 🇮🇹 イタリア語: Il Giappone possiede quattro siti riconosciuti patrimoni naturali mondiali.
- 🇩🇪 ドイツ語: In Japan befinden sich 4 Naturgüter, die zum Weltnaturerbe zählen.
- 🇵🇹 ポルトガル語: O Japão tem quatro Patrimônios Naturais Mundiais.

❷美しさ
- beauté
- belleza
- bellezza
- die Schönheit
- beleza

それぞれが国立公園になっているのね。

- 知床（しれとこ）は、知床五湖などの❷美しい自然で有名です。
  Shiretoko is famous for its beautiful* nature including the Shiretoko Five Lakes.
  *「さくいん」を参照。

- 小笠原諸島（おがさわらしょとう）は、多くの生物固有種（こゆうしゅ）で有名です。
  The Ogasawara Islands are famous for their many unique native species.

❶ 日本には世界自然遺産が4つあります。

中国語
日本有四个世界自然遗产。

韓国語
일본은 네 개의 세계 자연 유산이 있습니다.

ロシア語
Япония имеет четыре всемирных природных наследия.

アラビア語（シリア）
اليابان لديها أربعة أماكن تعد من التراث الطبيعي العالمي.
←（右から左へ読む）

❷ 美しさ
メイリー
美丽

アルンダウム
아름다움

クラサタ
красота

ルマジッラ
الجمال
←

英語で紹介しよう！
世界文化遺産❶
World Cultural Heritage Sites - part 1

❶日本には世界文化遺産が16あります。
Japan has 16 World Cultural Heritage Sites.

❶法隆寺地域の仏教建造物（奈良、1993年）
Buddhist Monuments in the Horyu-ji Area (Nara)

❷古都京都の文化財（京都／滋賀、1994年）
Historic Monuments of Ancient Kyoto (Kyoto/Shiga)

❸古都奈良の文化財（奈良、1998年）
Historic Monuments of Ancient Nara (Nara)

❹白川郷・五箇山の合掌造り集落（岐阜／富山、1995年）
Historic Villages of Shirakawa-go and Gokayama (Gifu/Toyama)

ほかの国ではどういうの？

❶日本には世界文化遺産が16あります。

🇫🇷 フランス語: Le Japon a 16 patrimoines culturels mondiaux.

🇪🇸 スペイン語: Japón tiene 16 Patrimonio cultural de la humanidad.

🇮🇹 イタリア語: Il Giappone ha 16 beni culturali mondiali.

🇩🇪 ドイツ語: In Japan befinden sich 16 Kulturgüter, die zum Weltkulturerbe zählen.

🇵🇹 ポルトガル語: O Japão tem 16 Patrimônios Culturais Mundiais.

❷建築
- architecture
- arquitectura
- architettura
- der Garten
- arquitetura

❺ 富士山－信仰の対象と芸術の源泉（静岡／山梨、2013年）
Fujisan, Sacred Place and Source of Artistic Inspiration (Shizuoka/Yamanashi)

国立西洋美術館
The National Museum of Western Art
©663highland

❻ ル・コルビュジエの❷建築作品－近代建築運動への顕著な貢献－（東京、2016年）
The Architectural* Work of Le Corbusier, an Outstanding Contribution to the Modern Movement (Tokyo)

＊「さくいん」を参照。

日本の長い歴史が、よくわかるね。

❼ 富岡製糸場と絹産業遺産群（群馬、2014年）
The Tomioka Silk Mill and Related Sites (Gunma)

❾ 平泉－仏国土（浄土）を表す建築・庭園及び考古学的遺跡群－（岩手、2011年）
Hiraizumi - Temples, Gardens and Archaeological Sites Representing the Buddhist Pure Land (Iwate) -

❽ 日光の社寺（栃木、1999年）
Shrines and Temples of Nikko (Tochigi)

©Nerotesa

---

❶ 日本には世界文化遺産が16あります。

中国語 日本有16个世界文化遗产。

韓国語 일본에는 16 개의 세계 문화 유산을 보유하고 있습니다.

ロシア語 Япония имеет 16 мировых культурных наследия.

アラビア語（シリア） اليابان لديها 16 موقعا يدخلون ضمن التراث الثقافي العالمي.
←（右から左へ読む）

❷ 建築
建筑

건축

архитектура

هندسة معمارية ←

世界文化遺産❷
World Cultural Heritage Sites – part 2

➓ 明治日本の産業革命遺産 製鉄・製鋼、造船、石炭産業（長崎と他の7県、2015年）
Sites of **Japan's Meiji Industrial Revolution:** Iron and Steel, Shipbuilding and Coal Mining (Nagasaki and seven other prefectures)

⓫ 厳島神社（広島、1996年）
Itsukushima Shinto Shrine (Hirosima)

❶ 広島の原爆ドームは負の世界遺産です。
The Atomic Bomb Dome in Hiroshima is the legacy of tragedy.

⓬ 原爆ドーム（広島、1996年）
Hiroshima Peace Memorial (**Genbaku Dome**)(Hiroshima)

世界遺産は日本全国に散らばっているのね。

ほかの国ではどういうの？

❶ 広島の原爆ドームは負の世界遺産です。

🇫🇷 フランス語　Le dôme de la Bombe Atomique d'Hiroshima est un héritage de la tragédie.
🇪🇸 スペイン語　Bóveda de la bomba atómica en Hiroshima es el legado de la tragedia.
🇮🇹 イタリア語　Il Memoriale della pace a Hiroshima è l'eredità di una tragedia della storia moderna.
🇩🇪 ドイツ語　Der Atombombendom in Hiroshima ist ein negatives Kulturgut.
🇵🇹 ポルトガル語　A Cúpula da Bomba Atômica em Hiroshima é o legado da tragédia.

❷ 文化
culture
cultura
cultura
die Kultur
cultura

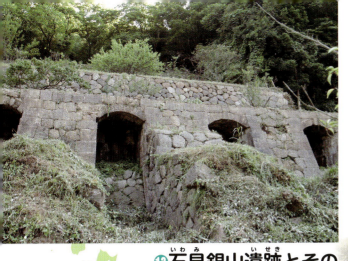

⑭ 姫路城(ひめじじょう)（兵庫(ひょうご)、1993年）
Himeji-jo (Hyogo)

⑬ 石見銀山遺跡(いわみぎんざんいせき)とその
❷ 文化(ぶんか)的景観(てきけいかん)（島根(しまね)、2007年）
イワミ　ギンザン　スィルヴァ　マイン
Iwami Ginzan Silver Mine
アン(ド) イッツ　カルチュラル　ランドスケイプ
and its Cultural* Landscape
シマネ
(Shimane)　　＊「さくいん」を参照(さんしょう)。

⑮ 紀伊山地(きいさんち)の霊場(れいじょう)と参詣道(さんけいみち)
（和歌山(わかやま)／奈良(なら)／三重(みえ)、2004年）
セイクリッド　サイツ　アン(ド)　ピルグリミヂ
Sacred Sites and Pilgrimage
ルーツ　イン　ザ
Routes in the
キイ　マウンテン　レインヂ
Kii Mountain Range
ワカヤマ　ナラ　ミエ
(Wakayama/Nara/Mie)

⑯ 琉球王国(りゅうきゅうおうこく)のグスク及(およ)び関連遺産群(かんれんいさんぐん)
（沖縄(おきなわ)、2000年）
グスク　サイツ　アン(ド)　リレイティド　プラパティズ
Gusuku Sites and Related Properties
オヴ　ザ　キングダム　オヴ　リューキュー
of the Kingdom of Ryukyu
オキナワ
(Okinawa)

---

❶ 広島(ひろしま)の原爆(げんばく)ドームは負(ふ)の世界遺産(せかいいさん)です。

中国語
グゥアンダオ ユェンズー ダンバオ ズオ イージー シー フーダ シージエ イーチャン
广岛原子弹爆炸遗迹是负的世界遗产。

韓国語
ヒロシマ ウォンポク トム ピッグィ セギェユサニダ
히로시마 원폭 돔은 비극의 세계유산이다.

ロシア語
サボール アトムヌィ ボンビ (フ)ヒロシメ イェヴリャエッツァ ナスレィヂェム トラゲジィ
Собор атомной бомбы в Хиросиме является наследием трагедии.

アラビア語
〔シリア〕
イテーサッムルア ナミ ソルイ ヤィヘ マシロヒ イフ ヤーヒィリヒザル イテラボンコル ウトパッコ
قبة القنبلة الذرية في هيروشيما هي إرث من المأساة.
← （右から左へ読(よ)む）

❷ 文化(ぶんか)
ウェンファ
文化
ムヌァ
문화
クルトゥーラ
культура
アフカサ
ثقافة
←

英語で紹介しよう！

生きもの❶
Living Creatures – part 1

❶ 冬に温泉につかるニホンザルが世界で人気です。
Japanese monkeys soaking in hot springs in winter is a world-famous image.

❷ 奈良公園のニホンジカは、神さまのつかいとされています。
Sika deer at Nara Park are regarded as messengers of god.

地獄谷野猿公苑（長野）
Jigokudani, Monkey Park, Nagano

奈良公園のシカ（奈良）
deer at Nara Park, Nara

ほかの国ではどういうの？

❶ 冬に温泉につかるニホンザルが世界で人気です。

フランス語: Les singes qui se baignent dans des sources thermales en hiver sont mondialement connus.

スペイン語: Monos que disfrutan de aguas termales en el invierno son populares en el mundo.

イタリア語: Sono famose in tutto il mondo le scimmie che si rilassano nel caldo delle terme in inverno.

ドイツ語: Die sogenannten „Nihonsaru-Affen", die im Winter heiße Quellen genießen, sind in der ganzen Welt berühmt.

ポルトガル語: Os macacos japoneses que desfrutam de águas termais no inverno são populares no mundo.

❷ 神さま
- dieu (フランス語)
- dios (スペイン語)
- dio (イタリア語)
- der Gott (ドイツ語)
- deus (ポルトガル語)

- ニホンモモンガは日本の固有種です。
  Japanese dwarf flying squirrels are unique to Japan.
- キタキツネは北海道にすんでいます。
  Ezo red foxes live in Hokkaido.
- オナガドリは特別天然記念物です。
  The long-tailed cock is a special national treasure.

ニホンモモンガ
Japanese dwarf flying squirrel

キタキツネ
Ezo red fox

オナガドリ
long-tailed cock

スノーモンキー*を見に、世界じゅうからたくさん観光客がくるんだ。

*「スノーモンキー」（雪のなかのサル）として、外国人観光客に大人気。

❶ 冬に温泉につかるニホンザルが世界で人気です。

中国語: 冬天里泡温泉的日本猴在全世界都很有人气。

韓国語: 겨울에는 온천을 즐기는 일본 원숭이가 세계에서 인기가 있습니다.

ロシア語: Известный в мире тем, что обезьяны зимой принимают горячий источник.

アラビア語（シリア）: تتمتع قرود المكاك اليابانية التي تتواجد في الينابيع الساخنة بشعبية على مستوى العالم.
（←右から左へ読む）

❷ 神さま

中国語: 上帝

韓国語: 하나님

ロシア語: бог

アラビア語: إله

英語で紹介しよう！
生きもの❷
Living Creatures – part 2

- トキは絶滅危惧種です。
The toki (Japanese crested ibis) is an endangered species.

- トキは特別天然記念物です。
The toki is a special national treasure.

世界的に見ても貴重なサンゴがたくさんあるよ。

- 南部の島じまでは❷サンゴ礁が見られます。
We can see coral reefs around the southern islands.

ほかの国ではどういうの？

❶トキは絶滅危惧種です。

- 🇫🇷 フランス語: L'ibis nippon est une espèce en voie de disparition.
- 🇪🇸 スペイン語: Toki es una especie en peligro de extinción.
- 🇮🇹 イタリア語: Il Toki è una specie di uccello in via di estinzione.
- 🇩🇪 ドイツ語: Toki ist eine vom Aussterben bedrohte Art.
- 🇵🇹 ポルトガル語: Toki é uma das espécies em risco de extinção.

❷サンゴ礁

- récif de corail
- arrecife de coral
- barriera corallina
- der Korallenbank
- recife de corais

みんな保護しないと絶滅しちゃうんだね。

- 絶滅が心配されているホタルがいます。
  There are some species of fireflies at risk of extinction.

- イリオモテヤマネコは西表島の固有種です。
  The Iriomote wildcats are found only on Iriomote Island.

- イリオモテヤマネコは絶滅危惧種です。
  They are an endangered species.

© アマナイメージズ

❶ トキは絶滅危惧種です。

🇨🇳 中国語　朱鹭是濒危物种。

🇰🇷 韓国語　따오기는 멸종 위기 종입니다.

🇷🇺 ロシア語　Токи является вымирающим видом.

🇸🇾 アラビア語（シリア）　طائر التوكي (الأيبس) هو من الأنواع المهددة بالإنقراض.
←（右から左へ読む）

❷ サンゴ礁

珊瑚礁

산호초

Коралловый риф

الشعاب المرجانية

英語で紹介しよう！
地震と津波
Earthquakes and Tsunamis

- 日本は地震国として知られています。
  Japan is known as a land of many earthquakes.

- 昔から何度も地震の被害を受けてきました。
  We have suffered countless earthquakes since ancient times.

- 家屋には、きびしい耐震基準がもうけられています。
  There are strict earthquake resistance standards for housing construction.

ビルの耐震補強
typical earthquake resistance improvements

高速道路が地震で倒壊した。
This expressway collapsed in an earthquake.

ほかの国ではどういうの？

❶ 日本は地震国として知られています。

- 🇫🇷 フランス語: Le Japon est connu comme un pays de tremblement de terre.
- 🇪🇸 スペイン語: Japón es conocido como un país propenso a los terremotos.
- 🇮🇹 イタリア語: Il Giappone è famoso per essere un paese sismico.
- 🇩🇪 ドイツ語: Japan ist bekannt als ein Erdbebenland.
- 🇵🇹 ポルトガル語: O Japão é conhecido como um país em que ocorrem muitos terremotos.

❷ 避難

- évacuation
- evacuación
- evacuazione
- die Evakuierung
- evacuação

地震や津波へのそなえがたいせつだね。

津波で陸地に押しあげられた船
a ship carried inland by a tsunami

- 地震によって津波がときどき発生します。
  Tsunamis are sometimes generated by earthquakes.
- 「つなみてんでんこ」は、津波から逃げるための標語です。
  "Tsunami-tendenko" is a catchphrase for evacuation when a tsunami surges.
- 「つなみてんでんこ」とは、津波が来たら各自でばらばらに高台へと逃げろ、という意味です。
  "Tsunami-tendenko" means that each person should immediately evacuate to nearby high ground when a tsunami is coming.

❷避難する子どもたちを見て大人も避難しはじめた。
Seeing children evacuating, adults began evacuation, too.

❶日本は地震国として知られています。

中国語　日本是出名的地震国。

韓国語　일본은 지진 국으로 알려져 있습니다.

ロシア語　Япония известна как зона землетрясений.

アラビア語（シリア）　واليابان معروفة بأنها دولة الزلازل.
←（右から左へ読む）

❷避難

避难

피난

опорожнение

إخلاء ←

英語で紹介しよう！
火山と温泉
Volcanoes and Hot Springs

- 日本には110の活火山があります。
  There are 110 active volcanoes in Japan.

- 火山はときどき噴火して、人びとに被害をあたえます。
  Some volcanoes erupt, occasionally affecting the lives of people nearby.

日本は火山国だから、噴火にそなえることもたいせつだね。

桜島（鹿児島）
Sakurajima (Kagoshima)

御嶽山（長野／群馬）
Mt. Ontake (Nagano/Gunma)

浅間山（長野／群馬）
Mt. Asama (Nagano/Gunma)

ほかの国ではどういうの？

❶ 日本には110の活火山があります。

- フランス語: Il y a 110 volcans actifs au Japon.
- スペイン語: En Japón, hay 110 volcánes activos.
- イタリア語: In Giappone ci sono 110 vulcani attivi.
- ドイツ語: In Japan gibt es 110 aktive Vulkane.
- ポルトガル語: No Japão, existem 110 vulcões ativos.

❷ 温泉

- source thermale
- aguas termales
- terme
- die heiße Quelle
- fonte termal

- 温泉は、火山活動のめぐみです。
  One upside of the volcanic activity is the abundance of hot springs.

- 日本には3000以上の温泉があります。
  Japan has more than 3,000 hot springs.

- 露天風呂が人気です。
  Open-air baths are popular.

それぞれの温泉は長い歴史があるのね。

日本の有名な温泉地 … famous hot spring resort areas

登別温泉（北海道）
Noboribetsu Hot Spring (Hokkaido)

箱根温泉（神奈川）
Hakone Hot Spring (Kanagawa)

下呂温泉（岐阜）
Gero Hot Spring (Gifu)

有馬温泉（兵庫）**Arima Hot Spring (Hyogo)**

道後温泉（愛媛）**Dogo Hot Spring (Ehime)**

---

❶ 日本には110の活火山があります。

中国語　日本有 110 座活火山。

韓国語　일본에는 110 개의 활화산이 있습니다.

ロシア語　В Японии существует активный вулкан 110.

アラビア語（シリア）　في اليابان، هناك أكثر من 110 بركان نشط.
←——右から左へ読む

❷ 温泉

中国語: 温泉

韓国語: 온천

ロシア語: орячий источник

アラビア語: الينابيع الساخنة

英語で紹介しよう！

台風
Typhoons

- 日本は台風が多いことで知られています。
  Japan is known for having many typhoons.

- 台風は熱帯性低気圧の一種です。
  A typhoon is a type of tropical cyclone.

- 台風は春先から秋にかけて発生します。
  Typhoons occur from early spring to autumn.

毎年数個の台風が日本に上陸する。
Several typhoons hit Japan every year.

ほかの国ではどういうの？

❶ 日本は台風が多いことで知られています。

🇫🇷 フランス語: Le Japon est connu pour avoir de nombreux typhons.

🇪🇸 スペイン語: Japón es conocido por tener muchos tifones.

🇮🇹 イタリア語: Il Giappone è noto per avere molti tifoni.

🇩🇪 ドイツ語: Japan ist bekannt dafür, dass viele Taifune dieses Land heimsuchen.

🇵🇹 ポルトガル語: O Japão é conhecido por ter muitos tufões.

❷ 防災グッズ

produits d'urgence

artículos de emergencia

merci di emergenza

die Notfall-Ware

bens de emergência

台風には目がある。
Typhoons have eyes.

台風のときは、進路予想をよくチェックしよう。

- 北半球では台風は反時計回りに回転します。
  In the Northern Hemisphere, typhoons rotate counterclockwise.

- よく台風が上陸する九州から近畿の地域は「台風銀座」とよばれます。
  The area from Kyushu to Kinki is called "Typhoon Ginza," as typhoons frequently hit there.

- 多くの人が家庭に❷防災グッズをそなえています。
  Many people keep a survival kit in their home in case of disaster.

一般的な
防災グッズ
a typical survival kit

❶ 日本は台風が多いことで知られています。

🇨🇳 中国語
日本是出名的台风国。

🇰🇷 韓国語
일본은 태풍이 많은 것으로 알려져 있습니다.

🇷🇺 ロシア語
Япония известна тем, что многие тайфуны.

🇸🇾 アラビア語（シリア）
ومن المعروف عن اليابان وجود العديد من الأعاصير بها.
（右から左へ読む）

❷ 防災グッズ

应急物品

방재

Экстренные товары

بضائع الطوارئ

さくいん

あ行

生きもの	creature	15, 16, 36 − 39
伊豆諸島	the Izu Islands	23
厳島神社	Itsukushima Shinto Shrine	34
西表島	Iriomote Island	11, 23, 39
イリオモテヤマネコ	Iriomote wildcat	39
石見銀山	Iwami Ginzan Silver Mine	35
美しさ	beauty	30, 31
海	sea/ocean	6, 10, 11
沿岸海域	coastal area	17
小笠原諸島	The Ogasawara Islands	11, 31
沖縄	Okinawa	7, 23, 29, 35
オナガドリ	long-tailed cock	37
温泉	hot spring	36, 37, 42, 43

か行

海水浴	swim in the ocean/bathing	7, 8
家具	furniture	15
火山	volcano	42, 43
神さま	god	36, 37
川	river	18, 19, 28
紀伊山地	Kii Mountain Range	35
キク	chrysanthemum	24
気候	climate	7
季節	season	8, 9
キタキツネ	red fox	37
京都	Kyoto	32
漁業	fishing	17
果物	fruit	27
原生林	primeval forest	30
建築	architecture	32, 33
原爆ドーム	Atomic Bomb Dome	34, 35
国境	border	10, 11
五島列島	the Goto Islands	23

さ行

サクラ	cherry blossom	24, 25
里海	satoumi	16, 17
佐渡島	Sado Island	23
里山	satoyama	16, 17
産業革命	Industrial Revolution	34
サンゴ礁	coral reef	38, 39
四季	four seasons	8
地震	earthquake	40, 41
自然	nature	22, 23, 31
信濃川	the Shinano River	18, 19
島	island	6, 7, 22, 23
島国	island country	6, 7
収穫	harvest	8
住宅	house	15
修行	ablution	21
樹木	tree	14, 15
縄文杉	Jomon Cedar	30
白神山地	Shirakami-Sanchi	30
白川郷・五箇山	Shirakawa-go and Gokayama	32
知床	Shiretoko	31
森林	forest	14, 15, 16, 17
生物固有種	unique native species	31
世界自然遺産	World Natural Heritage Sites	30, 31
世界文化遺産	World Cultural Heritage Sites	32, 35
絶滅危惧種	endangered species	38, 39
瀬戸内海	the Seto Inland Sea	22

た行

耐震基準	earthquake resistance standard	40
台風	typhoon	44, 45
滝	waterfall	20, 21

田んぼ(水田)	rice (paddy) field	16, 17, 26, 27
地方	region	13, 28, 29
地理	geography	6
津波	tsunami	40, 41
つなみてんでんこ	Tsunami-tendenko	41
ツバキ	camellia	24
釣り	fishing	18, 19
トキ	Japanese crested ibis	38, 39
特別天然記念物	special national treasure	37, 38
都道府県	prefectures	28, 29
利根川	the Tone River	18
富岡製糸場	Tomioka Silk Mill	33

な行

奈良	Nara	32
日光	Nikko	33
ニホンザル	Japanese monkey	36, 37
ニホンジカ	sika deer	36
ニホンモモンガ	Japanese dwarf flying squirrel	37
熱帯性低気圧	tropical cyclone	44
登る	climb	12, 13

は行

排他的経済水域	exclusive economic zone	11
畑	field	26
花	flower	8, 24, 25
花見	cherry blossom viewing	25
春・夏・秋・冬	spring, summer, autumn, winter	8, 9
避難	evacuation	40, 41
ヒマワリ	sunflower	24
姫路城	Himeji-jo	35
平泉	Hiraizumi	33
琵琶湖	Lake Biwa	20, 21
富士山	Mt. Fuji/Fujisan	12, 13, 33
噴火	eruption	42
文化	culture	32, 34, 35
防災グッズ	survival kit	44, 45
法隆寺	Horyu-ji	32
北海道	Hokkaido	7, 12, 13, 28, 37, 43

ま行

湖	lake	20
ミズバショウ	skunk cabbage	25
面積	land area	10, 11
木造の家	wooden house	15

や行

屋久島	Yakushima	30
野菜	vegetable	26, 27
山	mountain	12, 13, 16, 17, 28
雪	snow	7, 8, 9
養殖	farming	17

ら行

琉球王国	Kingdom of Ryukyu	35
ル・コルビュジエ	Le Corbusier	33
露天風呂	open-air bath	43

わ行

ワシントンD.C.	Washington, D.C.	25

■ 英語指導／パトリック・ハーラン（パックン）

1970年生まれ。アメリカ合衆国コロラド州出身。1993年、ハーバード大学卒業後来日。福井県で英会話講師をつとめ、1996年に役者を目ざして上京。1997年に吉田眞（よしだまこと）とお笑いコンビ「パックンマックン」を結成。「爆笑オンエアバトル」(NHK)や「ジャスト」(TBS)などで人気を博す。現在は「外国人記者は見た＋」(BS-TBS)や「未来世紀ジパング」(テレビ東京)などで司会やコメンテーターとして活躍。2012年から東京工業大学で非常勤講師。著書に『ツカむ！話術』『大統領の演説』(角川新書)ほか多数。

■ 編集／こどもくらぶ

「こどもくらぶ」は、あそび・教育・福祉の分野で、子どもに関する書籍を企画・編集しているエヌ・アンド・エス企画編集室の愛称。図書館用書籍として、毎年5〜10シリーズを企画・編集・DTP制作している。これまでの作品は1000タイトルを超す。
http://www.imajinsha.co.jp/

■ イラスト／中村智子

■ デザイン・DTP

信太知美

■ 制作

株式会社エヌ・アンド・エス企画

■ 写真協力

知床羅臼町観光協会、豊崎美らSUNビーチ、桜井裕、増毛町役場、立山黒部貫光(株)、豊岡市立コウノトリ文化館、伊勢志摩観光コンベンション機構、栗林紀子、ペンションぽぽんた、新八王子山の会、広島県、五島列島支援プロジェクト、地獄谷野猿公苑、渡辺秀作、空良太郎、登別観光協会、ホテルグリーンプラザ箱根、(一社)下呂温泉観光協会、(一社)有馬温泉観光協会、有限会社防災防犯ダイレクト、フォトライブラリー、アマナイメージズ、©663highland、© Leyo、©Nerotaso

この本の情報は、2016年11月までに調べたものです。今後変更になる可能性がありますので、ご承知ください。

国際交流を応援する本　10か国語でニッポン紹介　①日本の自然　　NDC800

2017年1月31日　第1刷発行
2017年9月30日　第2刷発行
編　　　こどもくらぶ
発行者　岩崎夏海
発行所　株式会社 岩崎書店　〒112-0005　東京都文京区水道1-9-2
　　　　電話　03-3813-5526(編集)　03-3812-9131(営業)
　　　　振替　00170-5-96822
印刷所　三美印刷株式会社
製本所　小高製本工業株式会社

48p 30×22cm

©2017 Kodomo Kurabu
Published by IWASAKI Publishing Co., Ltd. Printed in Japan.
ISBN978-4-265-08544-6
岩崎書店ホームページ　http://www.iwasakishoten.co.jp
ご意見、ご感想をお寄せ下さい。E-mail　hiroba@iwasakishoten.co.jp
落丁本、乱丁本は小社負担でおとりかえいたします。

本書のコピー、スキャン、デジタル化等の無断複製は著作権法上での例外を除き禁じられています。本書を代行業者等の第三者に依頼してスキャンやデジタル化することは、たとえ個人や家庭内での利用であっても一切認められておりません。

国際交流を応援する本
10か国語で
ニッポン紹介
シリーズのご案内

全5巻

英語指導／パトリック・ハーラン（パックン）　編／こどもくらぶ

●英語 ●フランス語 ●スペイン語 ●イタリア語 ●ドイツ語
●ポルトガル語 ●中国語 ●韓国語 ●ロシア語 ●アラビア語 の
10か国語で、"ニッポンのいいところ"を世界に発信しよう！

❶日本の自然
四季や動物、自然遺産、そのほか、日本の美しい自然を10か国語で紹介。

❷日本のまち
下町や市場、コンビニ、そのほか、日本のまちの特徴を10か国語で紹介。

❸日本のくらし
あいさつや行事、家や学校生活、そのほか、日本のくらしを10か国語で紹介。

❹日本の食べ物
すし、てんぷらなどの料理や、おはしのつかい方、そのほか、日本の食を10か国語で紹介。

❺日本の文化・スポーツ
伝統文化、伝統工芸、武道、忍者、アニメまで、日本の新旧の文化を10か国語で紹介。

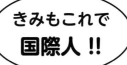
きみもこれで国際人!!

◆各巻定価：各本体 3,200 円
◆小学校中学年〜中学生むき

パックンのひとこと英会話

本の内容は楽しかったかな？ こんどは、会話をおえるときなどにつかわれるいい方をしょうかいするよ。

↗がついているとき、言葉の最後を上げるようにすると、英語らしくなるよ！

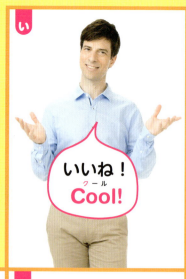
い いいね！
Cool!

お おもしろかったね。
That was fun.

お おやすみ。
Good night.

か かんぺきだ！
It's perfect!

き 気にしないで。
Never mind.

き きみならできる！
You can do it!

こ こら！
Hey!

こ これおぼえてる？
Remember this?↗

し 時間どおりだ！
Right on time!

し しんぱいないよ。
Don't worry.

そ そのとおり！
That's right!

そ そんなまさか！
No way!

た ためしてごらん。
Try it out.

と どういたしまして。
My pleasure.